Pour Myriam, pour Sylvie,
insti-Tutrices essentielles
Céline

À Pierre d'Harville
Pascal

Loi 49956 du 16 juillet 1949,
sur les publications destinées à la jeunesse.
Dépôt légal : mars 2012
ISBN 978-2-211-20791-1

Mise en pages : *Architexte*, Bruxelles
Photogravure : *Media Process*, Bruxelles
Imprimé en Belgique par *Daneels*

Pas tout à fait vampire

Texte de Céline Sorin
illustrations de Pascal Lemaitre

Pastel
l'école des loisirs

Anna observe Vadim depuis la fenêtre de sa cuisine.
Les mains dans le boudin, elle soupire.
Son fils, dehors dans le jardin, tête nue,
avec cette pleine lune…

Elle n'a pas le temps de râler davantage,
que l'horloge sonne les douze coups.

«Bon sang ! Déjà minuit !
Et mon boudin qui n'est pas prêt ! Boris ? **Boris !**
Fais rentrer Vadim ! Il est encore dehors sans casquette,
il va attraper une inlunation.
Et mets la table, mes parents vont bientôt arriver…
Rien n'est prêt dans cette maison !»

La mère d'Anna entre la première.
«Mon Anna! Tu as une mine superbe, ma chérie.
Tu es blanche comme un linge!»

Boris et Vadim profitent de l’agitation
pour se poser sur le canapé. Ils ont toujours détesté
le boudin du dimanche en famille.

«Vadiocha ! trompette la grand-mère. Regarde ce que Mamie a pour toi !» Elle tend à Vadim un bouquet de marguerites. Le garçon les serre contre son cœur.

«Et ça, Anna, c'est pour toi !
Du AB+, cuvée 1961 ! dit-elle en brandissant
une bouteille. C'est ton père qui a eu l'idée !»

Le grand-père se fait tout petit, sa fille lui tend les bras.
Il n'aime pas les embrassades et tout ce qui dit *je t'aime*.
Ça le gêne, il est comme ça, il n'y peut rien.
«Allons allons, dit-il, ça nous fait plaisir… Mais dis-moi, il va commencer à être tôt, et tu sais bien qu'à mon âge je n'aime pas conduire de jour. Si on mangeait ?»

Vadim et ses marguerites sont déjà à table. Anna apporte le fameux boudin du dimanche. «Attention, c'est chaud !» «Dis-moi, ma fille, demande la grand-mère, il n'a pas grossi, ton petit ? Et regarde-moi ces joues roses, il a une mine épouvantable...» «Vadim est comme ça, il est né comme ça, on n'y peut rien, ni toi, ni moi...» La grand-mère soupire.

«Quelle tristesse quand même, un si beau petit...»
Grand-père les fait taire:
«Bon alors, on le mange ce boudin ou on le regarde?»
Boris plante ses crocs dans le boudin, mais le cœur n'y est pas, et c'est toujours meilleur avec le cœur...

Pour tout le monde ou presque,
l'odeur du lait et des petits pois-carottes
gâche le goût du boudin.

Toutes les assiettes repartent pleines,
sauf celle de Vadim.

D'ailleurs, il s'est endormi. Pauvre petit bonhomme fatigué. Anna frappe sur la table. «Laisse-le dormir ! dit Boris. Tu sais bien que la nuit a toujours cet effet-là sur lui. C'est moi qui me lèverai dans la journée pour m'en occuper, ne t'inquiète pas.»

Le papa emporte fils, fleurs et verre de lait dans la chambre de l'enfant. Vadim sourit dans son sommeil.

Un sourire qui découvre des dents de lait minuscules, ici et là. Aucune trace de croc, de pointe ou de tranchant dans cette bouche mais, à la place des canines, deux tournesols microscopiques qui lui donnent un sourire d'été éternel. Un sourire de quatre saisons pour cet enfant-fleur né dans une famille de vampires allergiques au soleil et au pollen.

Boris est très fier de son petit soleil qui fait
de l'ombre à la nuit. Il renifle son petit.
L'odeur de lait et de soleil se mélange
à son haleine fleurie.
Puis il embrasse son garçon,
pas trop fort, pour ne pas
le déranger.

Avant d'éteindre la lumière, il ne résiste pas :
d'un trait, il finit le verre de lait.

Quel bonheur.

Il laisse couler le liquide dans sa gorge et soudain, il lui semble reconnaître le goût de l'herbe grasse des montagnes et celui des pâquerettes. Il ferme les yeux et se prend à rêver de vie au grand jour, sans cape ni cave.

Demain, c'est décidé, ils iront au parc.
Il mettra une veste rouge, ils mangeront des glaces
et des beignets de courgettes.
Tant pis pour le soleil.
Tant pis pour le lait.
Son enfant-fleur ne fanera pas.